When I Am Gloomy
Όταν νιώθω θλίψη

Sam Sagolski
Illustrated by Daria Smyslova

www.kidkiddos.com
Copyright ©2025 by KidKiddos Books Ltd.
support@kidkiddos.com

All rights reserved. No part of this book may be reproduced in any form or by any electronic or mechanical means, including information storage and retrieval systems, without written permission from the publisher, except in the case of a reviewer, who may quote brief passages embodied in critical articles or in a review.
First edition, 2025

Translated from English by Ina Samolada
Μετάφραση από τα αγγλικά: Ίνα Σαμολαδά

Library and Archives Canada Cataloguing in Publication
When I Am Gloomy (English Greek Bilingual edition)/Shelley Admont
ISBN: 978-1-83416-996-5 paperback
ISBN: 978-1-83416-997-2 hardcover
ISBN: 978-1-83416-995-8 eBook

Please note that the English and Greek versions of the story have been written to be as close as possible. However, in some cases they differ in order to accommodate nuances and fluidity of each language.

One cloudy morning, I woke up feeling gloomy.

Ένα συννεφιασμένο πρωί, ξύπνησα θλιμμένη.

I got out of bed, wrapped myself in my favorite blanket, and walked into the living room.

Σηκώθηκα από το κρεβάτι, τυλίχτηκα στην αγαπημένη μου κουβέρτα και πήγα στο καθιστικό.

"Mommy!" I called. "I'm in a bad mood."

«Μαμά!» φώναξα. «Έχω κακή διάθεση».

Mom looked up from her book. "Bad? Why do you say that, darling?" she asked.

Η μαμά με κοίταξε πάνω από το βιβλίο της. «Κακή; Γιατί το λες αυτό, αγάπη μου;» ρώτησε.

"Look at my face!" I said, pointing to my furrowed brows. Mom smiled gently.

«Κοίτα το πρόσωπό μου!» είπα, δείχνοντας τα σμιχτά μου φρύδια. Η μαμά χαμογέλασε γλυκά.

"I don't have a happy face today," I mumbled. "Do you still love me when I'm gloomy?"

"Δεν έχω χαρούμενο πρόσωπο σήμερα» μουρμούρισα. «Μ' αγαπάς ακόμα κι όταν νιώθω θλίψη;»

"Of course I do," Mom said. "When you're gloomy, I want to be close to you, give you a big hug, and cheer you up."

«Φυσικά σ'αγαπώ,» είπε η μαμά. «Όταν νιώθεις θλίψη, θέλω να είμαι δίπλα σου, να σ' αγκαλιάζω και να σου φτιάχνω το κέφι».

That made me feel a little better, but only for a second, because then I started thinking about all my other moods.

Αυτό με έκανε να νιώσω λίγο καλύτερα, αλλά μόνο για μια στιγμή, γιατί μετά άρχισα να σκέφτομαι τα άλλα μου συναισθήματα.

"So... do you still love me when I'm angry?"
«Οπότε… με αγαπάς ακόμα κι όταν είμαι θυμωμένη;»

Mom smiled again. "Of course I do!"
Η μαμά χαμογέλασε ξανά. «Φυσικά σ' αγαπώ!»

"Are you sure?" I asked, crossing my arms.
«Είσαι σίγουρη;» ρώτησα σταυρώνοντας τα χέρια μου.

"Even when you're mad, I'm still your mom. And I love you just the same."

«Ακόμα κι όταν είσαι θυμωμένη, είμαι ακόμα η μαμά σου. Και σ' αγαπώ όπως και πριν».

I took a big breath. "What about when I'm shy?" I whispered.

Αναστέναξα βαθιά. «Κι όταν νιώθω ντροπή;» ψιθύρισα.

"I love you when you're shy too," she said. "Remember when you hid behind me and didn't want to talk to the new neighbor?"

«Σ' αγαπώ κι όταν νιώθεις ντροπή» είπε. «Θυμάσαι τότε που κρυβόσουν πίσω μου και δεν ήθελες να μιλήσεις στον νέο μας γείτονα;»

I nodded. I remembered it well.

Κούνησα το κεφάλι. Το θυμόμουν καλά.

"And then you said hello and made a new friend.
I was so proud of you."

«Και μετά τον χαιρέτησες και έκανες έναν νέο φίλο.
Ήμουν πολύ περήφανη για σένα».

"Do you still love me when I ask too many questions?" I continued.

«Μ' αγαπάς ακόμα κι όταν κάνω πάρα πολλές ερωτήσεις;» συνέχισα.

"When you ask a lot of questions, like now, I get to watch you learn new things that make you smarter and stronger every day," Mom answered. "And yes, I still love you."

«Όταν κάνεις πολλές ερωτήσεις, όπως τώρα, σε βλέπω να μαθαίνεις καινούργια πράγματα που σε κάνουν εξυπνότερη και δυνατότερη κάθε μέρα,» απάντησε η μαμά. «Και ναι, σ' αγαπώ ακόμα».

"What if I don't feel like talking at all?" I continued asking.

«Κι αν δεν έχω όρεξη να μιλήσω καθόλου;» συνέχισα να ρωτάω.

"Come here," she said. I climbed into her lap and rested my head on her shoulder.

«Έλα εδώ,» είπε. Σκαρφάλωσα στην αγκαλιά της και ακούμπησα το κεφάλι μου στον ώμο της.

"When you don't feel like talking and just want to be quiet, you start using your imagination. I love seeing what you create," Mom answered.

«Όταν δεν έχεις όρεξη να μιλήσεις και θέλεις απλώς να σωπαίνεις, αρχίζεις να χρησιμοποιείς τη φαντασία σου. Μου αρέσει πολύ να βλέπω αυτά που δημιουργείς,» απάντησε η μαμά.

Then she whispered in my ear, "I love you when you're quiet too."

Τότε ψιθύρισε στο αυτί μου: «Σ' αγαπώ κι όταν σωπαίνεις».

"But do you still love me when I'm afraid?" I asked.

«Όμως μ' αγαπάς κι όταν φοβάμαι;» ρώτησα.

"Always," said Mom. "When you're scared, I help you check that there are no monsters under the bed or in the closet."

«Πάντα» είπε η μαμά. «Όταν είσαι τρομαγμένη, σε βοηθάω να ελέγξεις ότι δεν υπάρχουν τέρατα κάτω από το κρεβάτι ή μέσα στη ντουλάπα».

She kissed me on the forehead. "You are so brave, my sweetheart."

Με φίλησε στο μέτωπο. «Είσαι πολύ γενναία, γλυκιά μου».

"And when you're tired," she added softly, "I cover you with your blanket, bring you your teddy bear, and sing you our special song."

«Και όταν είσαι κουρασμένη,» πρόσθεσε ήρεμα, «σε σκεπάζω με την κουβέρτα σου, σου φέρνω το αρκουδάκι σου και σου τραγουδάω το αγαπημένο μας τραγούδι».

"What if I have too much energy?" I asked, jumping to my feet.

«Και αν έχω πάρα πολλή ενέργεια;» ρώτησα καθώς πετάχτηκα όρθια.

She laughed. "When you're full of energy, we go biking, skip rope, or run around outside together. I love doing all those things with you!"

Γέλασε. «Όταν είσαι γεμάτη ενέργεια, πηγαίνουμε μαζί για ποδήλατο, σχοινάκι ή τρέξιμο. Μου αρέσει πολύ να τα κάνω όλα αυτά μαζί σου!»

"But do you love me when I don't want to eat broccoli?" I stuck out my tongue.

«Αλλά μ' αγαπάς όταν δε θέλω να φάω μπρόκολο;» ρώτησα βγάζοντας τη γλώσσα με αηδία.

Mom chuckled. "Like that time you slipped your broccoli to Max? He liked it a lot."

Η μαμά γέλασε συγκρατημένα. «Όπως εκείνη τη φορά που έδωσες στα κρυφά τα μπρόκολά σου στον Μαξ; Του άρεσαν πολύ».

"You saw that?" I asked.
«Το είδες αυτό;» ρώτησα.

"Of course I did. And I still love you, even then."
«Φυσικά το είδα. Κι ακόμα σ' αγαπώ, ακόμα και τότε».

I thought for a moment, then asked one last question:

Σκέφτηκα για μια στιγμή και μετά έκανα μια τελευταία ερώτηση:

"Mommy, if you love me when I'm gloomy or mad... do you still love me when I'm happy?"

«Μαμά, αν μ' αγαπάς όταν νιώθω θλίψη ή θυμό... μ' αγαπάς κι όταν είμαι χαρούμενη;»

"Oh, sweetheart," she said, hugging me again, "when you're happy, I'm happy too."

«Ω, γλυκιά μου,» είπε, αγκαλιάζοντάς με πάλι, «όταν είσαι χαρούμενη, είμαι κι εγώ χαρούμενη».

She kissed me on the forehead and added, "I love you when you're happy just as much as I love you when you're sad, or mad, or shy, or tired."

Με φίλησε στο μέτωπο και πρόσθεσε: «Σ' αγαπώ όταν νιώθεις χαρά όπως σ' αγαπώ όταν νιώθεις λυπημένη, θυμωμένη, ντροπαλή ή κουρασμένη».

I snuggled close and smiled. "So... you love me all the time?" I asked.

Κουλουριάστηκα κοντά της και χαμογέλασα. «Δηλαδή... μ' αγαπάς συνέχεια;» ρώτησα.

"All the time," she said. "Every mood, every day, I love you always."

«Συνέχεια,» είπε. «Όπως κι αν νιώθεις, κάθε μέρα, σ' αγαπώ πάντα».

As she spoke, I started feeling something warm in my heart.

Καθώς μιλούσε, άρχισα να αισθάνομαι ζεστασιά στην καρδιά μου.

I looked outside and saw the clouds floating away. The sky was turning blue, and the sun came out.

Κοίταξα έξω και είδα τα σύννεφα να απομακρύνονται.
Ο ουρανός έγινε γαλανός και βγήκε ο ήλιος.

It looked like it was going to be a beautiful day after all.

Φαινόταν πως τελικά θα είχαμε μια όμορφη μέρα.

www.ingramcontent.com/pod-product-compliance
Lightning Source LLC
LaVergne TN
LVHW072008060526
838200LV00010B/304

*9 7 8 1 8 3 4 1 6 9 9 7 2 *